Birgit Urbanski

Weihnachtsgrüße
Schöne Karten selbermachen

ENGLISCH VERLAG

Die Deutsche Bibliothek - CIP-Einheitsaufnahme
Weihnachtsgrüße: Schöne Karten selbermachen / Birgit Urbanski. - Wiesbaden: Englisch, 1997
ISBN 3-8241-0707-4

© by F. Englisch GmbH & Co Verlags-KG, Wiesbaden 1997
ISBN 3-8241-0707-4
Alle Rechte vorbehalten.
Nachdruck, auch auszugsweise, verboten.
Fotos: Frank Schuppelius; Titelbild Axel Weber
Printed in Germany

Die Ratschläge in diesem Buch sind von Autorin und Verlag sorgfältig erwogen und geprüft, dennoch kann eine Garantie nicht übernommen werden. Eine Haftung der Autorin bzw. des Verlages und seiner Beauftragten für Personen-, Sach- und Vermögensschäden ist ausgeschlossen. Eine gewerbliche Nutzung der Vorlagen und Abbildungen ist verboten und nur mit ausdrücklicher Genehmigung des Verlages gestattet.

Inhaltsverzeichnis

Einleitung   5

Materialliste   6

Allgemeines zur Herstellung   6

Anfertigen einer Standardkarte   7

Karten   9
 1. Glockengeläut   9
 2. Geschmückter Tannenbaum   9
 3. Weihnachten im Wald   11
 4. Licht im Fenster   13
 5. Adventskranz   13
 6. Weihnachtsstrauß   15
 7. Weihnachtsbaum   17
 8. Leise rieselt der Schnee   17
 9. Auf dem Weg nach Bethlehem   19
 10. Heilige Nacht   20
 11. Die Hirten auf dem Feld   21
 12. Stille Nacht in Bethlehem   22
 13. Die Heiligen Drei Könige   24
 14. Krippenszene   27
 15. Verschneites Dorf   27
 16. Weihnachtsabend   29
 17. Weihnachtsexpress   30
 18. Heute kommt der Weihnachtsmann   31

Einleitung

Weihnachtskarten selber herstellen – von lustig-bunt über edel-festlich bis hin zu originellen Pop-up-Karten, hier finden Sie eine schöne und gleichzeitig preiswerte Alternative zur gekauften Karte. Diese Karten werden bei Ihren Freunden und Verwandten ganz gewiss großen Anklang finden. Denn keine andere Karte ist so persönlich und drückt soviel Herzlichkeit aus, wie eine selbst angefertigte Weihnachtskarte.

In diesem Buch finden Sie eine bunte Palette an Weihnachtsmotiven, von Sternen, Glocken und Tannenbäumen über verschneite Landschaften bis hin zu biblischen Darstellungen.

Besonders viel Spaß werden Sie beim gemeinsamen Basteln mit der ganzen Familie haben. Einige Motive sind so gehalten, dass auch die kleinen Bastler schon tüchtig mitbasteln können. Und wer möchte, kann zusammen mit dem Weihnachtsgruß auch gleich noch eine kleine Weihnachtsdekoration verschicken – etwa mit dem aufklappbaren Zug der Drei Könige oder der dekorativen Tischlaterne.

In diesem Sinne wünsche ich Ihnen viel Freude beim weihnachtlichen Basteln und viele „bewundernde" Empfänger Ihrer kreativen Weihnachtskarten.

Ihre Birgit Urbanski

Materialliste

- Tonpapier in verschiedenen Farbtönen
- Zeichenkarton in verschiedenen Farbtönen
- Fotokarton in verschiedenen Farbtönen
- Wellpappe
- Zeichenkarton in Weiß
- Schleifenbänder, Biesenband oder schmales Satinband
- Nähgarn, Nadel
- Lineal und Dreieck
- Bleistift
- Schere und Cutter
- Zirkel
- Folienstift
- Fineliner in Schwarz
- Klebestift
- Röntgenmarker
- Goldpapier
- Zackenschere
- Stern-Konfetti
- Deckfarbe in Weiß, Bürste
- Transparentpapier in verschiedenen Farben
- Textil-Glitter-Liner in Gold
- Regenbogenbuntpapier
- Bunt- und Filzstifte

Allgemeines zur Herstellung

Wenn Sie von einer Karte gleich mehrere Exemplare anfertigen möchten, ist es ratsam, sich zu Beginn stabile Schablonen herzustellen. Auf dem beigehefteten Vorlagebogen sind alle Teile in Originalgröße abgebildet. Diese können Sie mit Hilfe von transparentem Zeichenpapier ganz einfach mit einem Bleistift auf stabilen Zeichenkarton übertragen und ausschneiden.

Karten mit einem farbigen Grundton müssen grundsätzlich aus Fotokarton ausgeschnitten werden, denn nur dieser gibt den Karten die nötige Stabilität. Die kleineren Teile können Sie dann aus verschiedenfarbigem Tonpapier ausschneiden. Dabei sind Ihrer Phantasie, was die Farbwahl betrifft, keine Grenzen gesetzt.

Zum Ausschneiden benutzen Sie für grobe Linien eine große Papierschere und für die kleinen Teile eine feine Nagelschere. Unentbehrlich wird Ihnen ein Cutter sein, wenn Sie sich das Arbeiten mit diesem Werkzeug erst einmal angewöhnt haben. Die Konturen der Motive werden glatt, und auch winzige Ecken und spitze Winkel können damit sauber ausgeschnitten werden.

Anfertigen einer Standardkarte

Alle Karten sind so entworfen, dass sie sich in ganz normalen Standardbriefumschlägen verschicken lassen.

Deshalb benötigen Sie zur Anfertigung einer Standardkarte zuerst einen weißen bzw. farbigen Zeichenkarton in der Größe 21,0 x 14,8 cm, das entspricht dem Standardmaß DIN A5. Wenn Sie dieses Rechteck aus einem größeren Bogen schneiden müssen, benutzen Sie bitte ein gleichschenkliges Dreieck. Mit diesem Hilfsmittel können Sie wirklich sicher sein, die Karte rechtwinklig vorgezeichnet zu haben. Bei stärkerem Karton ist es empfehlenswert, die Karte mit Hilfe eines Cutters auszuschneiden, denn nur so erhalten Sie saubere Kanten.

Nun markieren Sie sich mit Hilfe eines Lineals die Mitte der längeren Seite vorsichtig mit einem Bleistift, also genau bei 10,5 cm. Bei stärkerem Karton ist es von Vorteil, die äußere Falzkante vor dem Falzen ganz leicht mit einem Cutter einzuritzen, um unschöne Risse zu vermeiden.

Nach dem Falzen ist die Standardkarte fertig und Sie können nach den Anleitungen weiterarbeiten.

1. Glockengeläut

Material:
Wellpappe in Dunkelgrün, Tonpapier in verschiedenen Grüntönen und in Beige, Locher, Schere, Cutter, Klebstoff, rotes Biesenband

★ *Anleitung:*
Aus der Wellpappe fertigen Sie eine Standardkarte an. Dann stellen Sie sich mit Hilfe des Vorlagebogens Schablonen von dem Stern und den Glocken her. Nun schneiden Sie mit dem Cutter den Stern aus der Kartenvorderseite heraus. Anschließend werden die Glocken ausgeschnitten, teilweise zusammengeklebt und oben gelocht.

Zum Schluss brauchen Sie nur noch oben in die Karte ein Loch zu stanzen, ein Schleifenband durch die Lochungen der Glocken sowie der Karte zu führen und eine Schleife zu binden. Besonders schön wirkt die Karte dann mit einem andersfarbigen Einlegeblatt.

2. Geschmückter Tannenbaum

Material:
Fotokarton in Beige, Tonpapier in Dunkelgrün, Rot, Orange, Hell- und Dunkelbraun, Zirkel, Schere, Cutter, Fineliner, Nähgarn, Klebstoff

★ *Anleitung:*
Zuerst fertigen Sie sich aus dem Fotokarton eine Standardkarte an, wie es auf Seite 7 beschrieben wurde. Nun übertragen Sie vom Vorlagebogen den Tannenbaum auf das grüne Tonpapier, schneiden ihn aus und kleben ihn auf die vorbereitete Standardkarte. Mit Hilfe eines Zirkels zeichnen Sie in den Baum mehrere Kreise mit einem Durchmesser von 1,7 cm ein. Diese schneiden Sie nun ganz vorsichtig aus der Kartenvorderseite aus. Anschließend schneiden Sie aus dem braunen und beigefarbenen Tonpapier die kleinen Sterne aus, legen das Garn genau in die Mitte, und kleben diese versetzt zusammen. Der große Stern wird ebenfalls versetzt an die Spitze des Baumes geklebt.

Zum Schluss brauchen Sie nur noch die Kerzen und Lichtkreise auszuschneiden, aufzukleben sowie den Docht vorsichtig mit einem Fineliner einzuzeichnen. (Abbildung Seite 10)

3. Weihnachten im Wald

Material:
Zeichenkarton in Reinweiß, Tonpapier in verschiedenen Farben, Bleistift, Fineliner, Schere, Cutter, Klebstoff

★ *Anleitung:*
Wenn Sie sich aus dem Zeichenkarton eine Standardkarte angefertigt haben, übernehmen Sie vom Vorlagebogen die endgültige Kartenform und schneiden die Standardkarte entsprechend aus. Nun können Sie sich von allen weiteren Teilen stabile Schablonen herstellen und diese aus den entsprechenden Papierbögen ausschneiden. Anschließend ordnen Sie alle Teile – wie auf der Abbildung – auf der Karte an und kleben sie fest.

Zum Schluss brauchen Sie nur noch einzelne Linien mit dem Fineliner einzuzeichnen.

4. Licht im Fenster

Material:
Fotokarton in Beige, Tonpapier in Grün, Gelb, Orange, Rotbraun und Dunkelblau, Schere, Cutter, Bleistift, Klebstoff, Textil-Glitter-Liner in Gold

★ *Anleitung:*
Schneiden Sie zuerst aus dem braunen Karton ein 21 x 19 cm großes Rechteck heraus. Nun markieren Sie sich mit Hilfe eines Lineals die Mitte der längeren Seite vorsichtig mit einem Bleistift, also genau bei 10,5 cm, und ritzen diese Falzkante vor dem Falzen leicht mit einem Cutter an.

Jetzt fertigen Sie sich zunächst einmal mit Hilfe des Vorlagebogens alle Schablonen an. Anschließend wird mit der Fensterschablone das Fenster auf die Karte gezeichnet und mit einem Cutter herausgetrennt. Danach können Sie alle weiteren Teile, wie Fensterrahmen, Kerze und Tannengrün aus dem entsprechenden farbigen Papier ausschneiden und aufkleben.

Zum Schluss schneiden Sie das dunkelblaue Tonpapier noch einmal wie die Karte zurecht, tupfen mit dem Glitter-Liner die Sterne darauf und benutzen dieses als Einlegeblatt.

5. Adventskranz

Material:
Fotokarton in Beige, Tonpapier in verschiedenen Farben, Cutter, Schere, Klebstoff, Bleistift, Fineliner, rotes Biesenband

★ *Anleitung:*
Zuerst fertigen Sie sich aus dem Fotokarton eine Standardkarte an, wie es auf Seite 7 beschrieben wurde. Nun stellen Sie sich mit Hilfe des Vorlagebogens stabile Schablonen von den einzelnen Teilen her. Beginnen Sie mit dem Ausschneiden der Kartenform nach der Vorlage. Dazu eignet sich am besten ein Cutter. Nun schneiden Sie aus grünem Papier eine 7 x 1 cm große Unterplatte für den Kranz aus. Auf diese Unterplatte kleben Sie anschließend die Zweige, die Sie zuvor aus zwei verschiedenen Grüntönen ausgeschnitten haben. Achten Sie dabei darauf, dass Sie die Zweige nur in eine Richtung kleben.

Dann kleben Sie noch die Kerzen auf den Kranz, der Lichtkreis, der einen Durchmesser von 1 cm hat, wird hinter die Kerze geklebt und der Docht mit dem Fineliner aufgemalt. Nun brauchen Sie nur noch das Biesenband hinter dem Kranz zu befestigen, oben durch die Ösen zu ziehen und eine schöne Schleife zu binden. (Abbildung Seite 14)

6. Weihnachtsstrauß

Material:
Fotokarton in zwei Grüntönen, Tonpapier in verschiedenen Grün- und Brauntönen sowie in Rot, Schere, Cutter, Bleistift, Klebstoff, etwas Nähgarn

★ **Anleitung:**
Wenn Sie aus dem hellgrünen Fotokarton eine Standardkarte angefertigt haben, kleben Sie das dunkelgrüne Papier in die Karteninnenseite und halbieren mit einem Cutter die Vorderseite. Nun schneiden Sie mit dem Cutter die Sterne aus der hellgrünen Seite heraus (Vorlagebogen) und kleben zwei hellgrüne Sterne auf die dunkle Seite. Jetzt schneiden Sie alle weiteren Teile mit Hilfe des Vorlagebogens aus den verschiedenen Papierbögen aus. Das Tannengrün wird zunächst auf der Rückseite der Vase angeordnet und aufgeklebt, dann kleben Sie auch Blätter und Früchte der Stechpalme auf. Anschließend kleben Sie immer zwei verschiedenfarbige Sterne versetzt so zusammen, dass genau in der Mitte ein Faden verläuft. Diese Fäden befestigen Sie an verschiedenen Tannenzweigen und kleben zum Schluss vom ganzen Strauß nur die Hälfte an die halbe Kartenvorderseite.

7. Weihnachtsbaum

Material:
Zeichenkarton in Weiß, Tonpapier in Dunkel- und Hellgrün, Schere, Cutter, Bleistift, Klebstoff

★ *Anleitung:*
Zuerst fertigen Sie sich eine Standardkarte aus dem Zeichenkarton an und bekleben diese anschließend mit dem hellgrünen Tonpapier. Nun fertigen Sie sich mit Hilfe des Vorlagebogens von den einzelnen Teilen stabile Schablonen an. Der Tannenbaum wird so ausgeschnitten, dass die eine Hälfte als Baum, die andere als Umriss benutzt werden kann. Anschließend schneiden Sie die Sterne, Kugeln und Kerzen mit dem Cutter vorsichtig aus. Dabei achten Sie bitte darauf, dass Sterne, die noch aufgeklebt werden, immer vom Motiv weggeschnitten werden. Bei den anderen Sternen schneiden Sie dagegen nach innen.

Zum Schluss brauchen die Teile nur noch auf die vorbereitete Karte aufgeklebt zu werden.

8. Leise rieselt der Schnee

Material:
Fotokarton in Dunkel- und Hellblau, Goldpapier, goldfarbenes Stern-Konfetti, weiße Deckfarbe, kleine Bürste, Bleistift, Schere, Cutter

★ *Anleitung:*
Für die Kartengrundform schneiden Sie zuerst aus dem dunkelblauen Fotokarton ein Rechteck von 21 x 19 cm aus. Vor dem Falzen der Karte markieren Sie sich die Mitte der längeren Seite, also bei 10,5 cm, vorsichtig mit einem Bleistift und ritzen diese Linie mit dem Cutter leicht an. Aus der Vorderseite der Karte wird nun ein 6,5 x 7,5 cm großes Rechteck herausgetrennt. Aus dem hellblauen Tonzeichenkarton schneiden Sie ein Rechteck von 7,5 x 8,5 cm Größe aus. Mit Hilfe des Vorlagebogens können Sie sich nun eine stabile Schablone vom Fenstermotiv anfertigen. Diese Schablone legen Sie nun genau über den zurechtgeschnittenen hellblauen Karton und spritzen vorsichtig mit der Bürste die Farbe darüber.
Bis die Farbe getrocknet ist, kleben Sie das Sternen-Konfetti und die aus dem Goldpapier geschnittenen Sterne auf die Karte.

Zum Schluss kleben Sie von hinten das hellblaue Fenster ein, pro Rand 0,5 cm überliegend.
(Abbildung Seite 18)

9. Auf dem Weg nach Bethlehem

Material:
Fotokarton in Blau, Tonpapier in verschiedenen Farben, Schere, Bleistift, Fineliner, Röntgenmarker

★ *Anleitung:*
Aus dem Fotokarton fertigen Sie zu Beginn – wie auf Seite 7 beschrieben – eine Standardkarte an. Mit Hilfe des Vorlagebogens werden nun die Schablonen der einzelnen Teile hergestellt. Mit diesen schneiden Sie anschließend alle Teile aus den entsprechenden Papieren aus und kleben diese – wie auf dem Foto abgebildet – nacheinander auf die vorbereitete Karte.

Zum Schluss brauchen Sie nur noch mit dem Fineliner einzelne Feinheiten und mit dem Röntgenmarker die Schneeflocken einzuzeichnen.

10. Heilige Nacht

Material:
Wellpappe in Braun, Tonpapier in verschiedenen Farben, Schere, Cutter, Bleistift, Fineliner, Klebstoff, evtl. Zackenschere

★ **Anleitung:**
Nachdem Sie sich aus der Wellpappe eine Standardkarte (Beschreibung auf Seite 7) angefertigt haben, stellen Sie sich aus braunem Tonpapier noch eine an jeder Seite 0,5 cm kleinere Karte her. Diese wirkt besonders schön, wenn Sie mit einer Zackenschere ausgeschnitten wird.
Nun fertigen Sie sich mit Hilfe des Vorlagebogens eine stabile Schablone der Krippe an, übertragen diese mit einem Bleistift auf die Rückseite der Kartenvorderseite und schneiden sie mit dem Cutter heraus. Nun wird die kleinere Papierkarte so in die große geklebt, dass sie nur an der Rückseite befestigt ist. Anschließend stellen Sie sich alle weiteren Schablonen her, schneiden die Personen aus den verschiedenen Papieren aus und kleben sie in die Krippenöffnung.

Zum Schluss brauchen Sie nur noch den Stern mit 0,2 cm Rand auszuschneiden und aufzukleben.

11. Die Hirten auf dem Feld

Material:
Fotokarton in Dunkelblau, Tonpapier in verschiedenen Farben, etwas Regenbogenbuntpapier in Orange-Gelb, Schere, Cutter, Fineliner, Klebstoff, Röntgenmarker

★ **Anleitung:**
Wenn Sie aus dem Fotokarton eine Karte angefertigt haben, beginnen Sie mit der Gestaltung des Hintergrundes. Dabei sollte die grüne Weide knapp ein Viertel der Kartenfläche einnehmen. Nun schneiden Sie mit Hilfe des Vorlagebogens alle weiteren Teile aus den entsprechenden Papieren aus und kleben diese in der Reihenfolge Engel, Hirten, Feuer, Schafe auf die Karte. Aus braunen Papierresten schneiden Sie noch ein paar Hölzchen und kleben diese auf das Feuer.

Zum Schluss brauchen Sie nur noch mit dem Fineliner die Schafe und Hirten zu bemalen sowie mit dem Röntgenmarker die Schrift auf die Karte aufzutragen.

12. Stille Nacht in Bethlehem

Material:
Fotokarton in Hellbraun, Tonpapier in Beige (nicht zu dünn), Tonpapier in verschiedenen Farben, Schere, Cutter, Klebstoff, Fineliner, evtl. Zackenschere

★ **Anleitung:**
Zuerst schneiden Sie aus dem hellbraunen Fotokarton ein 21 x 19 cm großes Rechteck aus und falzen es zur Karte um. Dann schneiden Sie aus dem beigefarbenen Tonpapier noch einmal eine Karte zurecht, jedoch an jeder Seite um 1 cm kleiner. Besonders schön wird die Karte, wenn Sie zum Ausschneiden der hellen Karte eine Zackenschere benutzen. Nun legen Sie die helle Karte so auf Ihren Arbeitsplatz, dass Sie in die Falzkante sehen können.

Jetzt schneiden Sie mit dem Cutter die Stege zurecht, und zwar den Steg für das Krippenpaar im Abstand von 4,5 cm vom linken Rand 2,5 cm tief (nur in die Oberseite) und den zweiten Einschnitt nehmen Sie 4 cm weiter nochmals vor. Diese Einschnitte werden in der Unterseite noch um 0,7 cm verlängert und so nach vorne gefalzt, dass der Steg parallel zur Kartenoberseite in einem Abstand von 0,7 cm verläuft. Den Steg für die Palme schneiden Sie 2,5 cm vom rechten Rand entfernt ein. Dieser ist nur 1 cm breit (zweiter Einschnitt) und 3,3 cm an der Oberseite und 1,2 cm an der Unterseite tief. Den Steg

falzen Sie nun auch nach vorne, aber der Abstand zur Kartenoberseite beträgt hier 1,2 cm. Jetzt kann die helle Karte in die große braune Karte hin-

eingeklebt werden, die Stege bleiben dabei nach vorn gefalzt und werden nicht angeklebt. Mit Hilfe des Vorlagebogens können Sie nun alle weiteren Teile aus den verschiedenfarbigen Papieren ausschneiden, vorsichtig mit dem Fineliner bemalen und auf die Karte bzw. die Stege kleben.

13. Die Heiligen Drei Könige

Material:
Fotokarton in Dunkelblau und Braun, Tonpapier in verschiedenen Farben, Schere, Cutter, Bleistift, Fineliner, Klebstoff, etwas Goldpapier, brauner Filzstift, schwarzes Nähgarn

★ **Anleitung:**
Wenn Sie sich aus dem dunkelblauen Fotokarton eine Standardkarte angefertigt haben, schneiden Sie aus braunem Karton etwa noch einmal die Kartengröße zu und gestalten damit den ersten Berghintergrund. Dabei sollten die Berge (Horizontlinie) etwa die Hälfte bis zwei Drittel der Oberseite einnehmen. Bevor Sie diesen Karton einkleben, müssen Sie erst die Stege, an die der zweite Hintergrund später geklebt wird, zurechtschneiden. Legen Sie nun den braunen Karton mit dem Falz zu Ihnen gewandt auf Ihre Arbeitsfläche, und schneiden Sie 1,5 cm vom linken Rand 3,5 cm lang einen Schlitz nur in die Oberhälfte der Karte, nach weiteren 4 cm schneiden Sie einen gleichen Schlitz. Vom linken Rand aus wiederholen Sie nun noch einmal alles gegengleich. Danach verlängern Sie alle Einschnitte noch genau um 0,7 cm in die untere Kartenhälfte und knicken die Stäbe nun so nach vorne, dass sie genau parallel zur Oberseite, nur 0,7 cm davor, stehen. Jetzt schneiden Sie sich den zweiten Berghintergrund zurecht und kleben diesen auf die Stege. Mit Hilfe des Vorlagebogens können Sie nun alle weiteren Teile aus den entsprechenden Papieren ausschneiden. Zuerst kleben Sie dann die Sterne, das Haus und den Baum auf, wobei beim Baum

noch die Äste mit dem braunen Filzstift angemalt werden müssen. Das Kamel und die Könige im Vordergrund bekommen noch Stege aus braunem Karton hinterklebt und werden damit am zweiten Hintergrund befestigt.
Zum Schluss können Sie noch das Kamel und einen König mit schwarzem Nähgarn verbinden.

14. Krippenszene

Material:
Fotokarton in Braun, Transparentpapier in verschiedenen Farben, Schere, Cutter, Bleistift, Klebstoff

★ **Anleitung:**
Zuerst schneiden Sie aus dem Fotokarton ein 21,0 x 14,8 cm großes Rechteck aus. Nun fertigen Sie sich mit Hilfe des Vorlagebogens eine stabile Schablone vom gesamten Kartenmotiv an. Anschließend wird die Grundform der Karte aus dem vorbereiteten Rechteck geschnitten. Dazu teilen Sie das Rechteck in der Länge in vier gleich große Teile auf, legen die Schablone in die zwei Mittelteile und zeichnen mit dem Bleistift den Bogen auf das Rechteck. Dieser Bogen wird zunächst vorsichtig mit einem Cutter ausgeschnitten, dann falzen Sie die beiden Außenteile nach hinten (die Falzkante erst vorsichtig mit einem Cutter anritzen) und schneiden den Bogen auch aus diesen Teilen aus. Nun übertragen Sie das gesamte Motiv auf das Kartenmittelteil, trennen die auf dem Vorlagebogen markierten Teile heraus und kleben verschiedenfarbiges Transparentpapier dahinter.

Auf ein weißes Einlegeblatt schreiben Sie Ihre Grüße. Das Besondere an dieser Karte ist, dass der Empfänger die Karte aufstellen und ein Teelicht dahintersetzen kann.

15. Verschneites Dorf

Material:
Fotokarton in Hellblau, Zeichenpapier in Weiß, Tonpapier in verschiedenen Farben, Bleistift, Schere, Cutter, Klebstoff

★ **Anleitung:**
Zuerst fertigen Sie sich aus dem blauen Fotokarton eine Karte an, wie es auf Seite 7 beschrieben wurde.

Nun übernehmen Sie vom Vorlagebogen die einzelnen Teile und schneiden diese aus den entsprechenden farbigen und weißen Papierbögen aus.

Nach dem Aufkleben zeichnen Sie noch mit einem Fineliner die kreisförmigen Enden der Schriftrolle ein und schreiben den Weihnachtsgruß darauf. (Abbildung Seite 28)

16. Weihnachtsabend

Material:
Fotokarton in Hellblau, Zeichenkarton in Weiß, Tonpapier in verschiedenen Farben, Schere, Cutter, Bleistift, Klebstoff, Fineliner

★ **Anleitung:**
Wenn Sie aus dem blauen Karton eine Standardkarte angefertigt haben, schneiden Sie zunächst aus dem weißen Karton den Schneehintergrund zurecht (der Himmel sollte zwei Drittel betragen) und kleben diese auf. Nun schneiden Sie mit Hilfe des Vorlagebogens alle anderen Teile aus den entsprechenden farbigen Papieren aus und kleben diese in der Reihenfolge Haus, Dach, Fenster und Türen, Eingang, Schneemann, Schlitten, Weihnachtsmann auf die Karte.

Zum Schluss zeichnen Sie mit dem Fineliner noch einige Umrisse ein.

17. Weihnachtsexpress

Material:
Fotokarton in Blau, Zeichenkarton in Weiß, Tonpapier in verschiedenen Farben, Schere, Cutter, Bleistift, Klebstoff, Filzstifte, orangefarbener Buntstift, evtl. Stern-Wunderlocher, Zackenschere

★ **Anleitung:**
Zuerst schneiden Sie aus dem blauen Zeichenkarton ein 19 x 21 cm großes Rechteck, das Sie über die lange Seite zu einer Karte falzen (Falzkante vor dem Falzen mit dem Cutter anritzen). Nun schneiden Sie aus dem weißen Zeichenkarton noch einmal eine Karte zurecht, jedoch nur in der Größe 18 x 20 cm. Diese schneiden Sie mit der Zackenschere aus und kleben sie auf die blaue Karte. Anschließend schneiden Sie mit Hilfe des Vorlagebogens alle weiteren Teile aus den entsprechenden Papieren aus und kleben diese auf die vorbereitete Karte. Mit dem Buntstift und dem Fineliner bemalen Sie nun noch den Weihnachtsmann; schneiden Sie anschließend aus Papierresten Päckchen aus, bemalen Sie diese mit Filzstiften und kleben Sie sie in den Wagen.

Zum Schluss schneiden Sie noch die Sterne aus (wenn Sie im Besitz eines Wunderlochers sind, können Sie die großen Sterne auch lochen), und kleben diese ebenfalls auf die Karte. Mit dem Fineliner tragen Sie Ihre Wünsche ein.

18. Heute kommt der Weihnachtsmann

Material:
Fotokarton in Dunkelblau, Zeichenkarton in Weiß, Tonpapier in verschiedenen Farben, Schere, Cutter, Bleistift, Klebstoff, Filzstift, Röntgenmarker

★ **Anleitung:**
Aus dem dunkelblauen Fotokarton fertigen Sie sich zuerst – wie beschrieben – eine Standardkarte an. Mit Hilfe des Vorlagebogens schneiden Sie nun alle Teile aus den entsprechenden Papieren aus und kleben diese auf die Karte.

Die Sterne und das Fell beim Weihnachtsmann werden mit einem Röntgenmarker aufgezeichnet, die Leine zum Rentier wird mit einem Filzstift aufgemalt.

 **Bücher für Kreative**

ISBN 3-8241-0775-9
Broschur, 16 S., 2 Vorlagebögen

ISBN 3-8241-0759-7
Broschur, 16 S., 2 Vorlagebögen

ISBN 3-8241-0765-1
Broschur, 32 Seiten

ISBN 3-8241-0770-8
Broschur, 32 Seiten

ISBN 3-8241-0673-6
Broschur, 64 Seiten

Lust auf Mehr?

Liebe Leserin, lieber Leser,

natürlich haben wir noch viele andere Bücher im Programm. Gerne senden wir Ihnen unser Gesamtverzeichnis zu. Auch auf Ihre Anregungen und Vorschläge sind wir gespannt.
Rufen Sie uns einfach an oder schreiben Sie uns.

F. Englisch GmbH & Co Verlags-KG
Postfach 2309 · 65013 Wiesbaden
Telefon 0611/94272 - 0 · Telefax 0611/410665